NOTICE HISTORIQUE

SUR

LOUIS-PHILIPPE I.er,

ROI DES FRANÇAIS.

Août 1830.

A BAR-LE-DUC,

Chez F. GIGAULT D'OLINCOURT,

Imprimeur-Lithographe,

Rue du Coq, N.o 9.

LOUIS - PHILIPPE 1.ᵉʳ

ROI DES FRANÇAIS.

Lith. de F. d'Olincourt,
Imprimeur, rue du Coq. N.º 9, à Bar-le-Duc.

NOTICE
HISTORIQUE

SUR

LOUIS-PHILIPPE Ier,

ROI DES FRANÇAIS;

D'ABORD DUC DE VALOIS, PUIS DUC DE CHARTRES, ENFIN DUC D'ORLÉANS,

Né à Paris, le 6 Octobre 1773.

———◆———

LA direction de l'éducation du duc de Valois est confiée à Mme la comtesse de Genlis. — 1782.

Le duc de Chartres révèle la noblesse de son caractère, en faisant détruire (au mont Saint-Michel) la fameuse cage de fer, où un gazetier de Hollande fut enfermé pendant 17 ans pour avoir écrit contre Louis XIV. — 1787.

Le duc de Chartres embrasse avec ardeur les espérances que la révolution donnait à la France, de parvenir à une liberté sage et constitutionnelle.

Le duc de Chartres arrache des flots une ingénieur près de périr. La ville de Vendome lui décerne une couronne civique. — 1791.

Le duc de Chartres contribue puissamment au succès de la mémorable journée de Valmy. — 20 sept. 1792.

3 nov. Au combat de Thulin, le duc de Chartres se rend maître du moulin de Bossu et de la batterie qui le défendait.

A la bataille de Jemmapes, le duc de Chartres parvient à rallier des fuyards, en forme une colonne, fait battre la charge, et avec ces mêmes soldats, dont rien, quelques instans plutôt, ne pouvait arrêter la fuite, il attaque l'infanterie autrichienne baïonnette en avant, et s'empare d'une partie de l'artillerie ennemie.

Ami sincère de l'indépendance de son pays, c'est dans les camps que le duc de Chartres a servi cette noble cause; c'est à son épée seule qu'il doit sa première gloire.

1793. Le duc de Chartres, proscrit en France par ceux qui dressaient des échafauds, voyage à pied en Suisse et dans les Alpes. Partout il lutte avec courage contre la fatigue et la pauvreté.

Le duc de Chartres arrive à Reichenau sous un nom emprunté, il est examiné par les chefs du collége et unanimement admis comme professeur. Pendant 18 mois il y enseigne la géographie, l'histoire, les langues française et anglaise, et les mathématiques.

1795. Le duc de Chartres, devenu duc d'Orléans, conçoit le projet de passer en Amérique, il se dirige vers Hambourg, voyage en Danemarck, passe le Sund, visite la Suède et la Norwège, voyage à pied avec les Lapons et arrive au Cap-Nord. Après s'être arrêté quelques jours dans cette contrée, à 18 ° du pôle, il revient par la Laponie à Tarnéo et visite la Finlande.

21 oct. 1796. Le duc d'Orléans arrive à Philadelphie, voyage en Virginie et se rend chez le général Washington. Il

visite des nations sauvages et la célèbre chute du Niagara.

La fièvre jaune se déclare à Philadelphie, et, faute d'argent, le duc d'Orléans ne peut quitter ce séjour devenu pestilentiel. *Juillet 1797.*

Le duc d'Orléans descend, au milieu des glaces, l'Ohio et le Mississipi, jusqu'à la nouvelle Orléans. *10 déc.*

Le duc d'Orléans s'embarque sur un navire américain, il est pris par une frégate anglaise. Le capitaine le fait transporter à la Havane. *1798.*

Le duc d'Orléans, songeant à revoir la princesse sa mère, passe aux îles des Bahamas et delà à Halifax. Il se fait transporter à New-York et à Falmouth et arrive à Londres au mois de février 1800. Une frégate anglaise est chargée de le transporter à Minorque, où il refuse de se ranger sous les drapeaux de l'émigration. *1799.*

Le duc d'Orléans, n'ayant pu voir sa mère, retourne en Angleterre et réside à Twickenham ; là, il s'instruit sur l'économie politique du pays, et surtout dans l'étude de ses lois. Son nom, ses vertus, ses malheurs le rendent l'objet de la considération du public anglais.

Le duc d'Orléans accompagne son frère à Malte et s'embarque ensuite pour Messine. Il se rend à Palerme près du roi Ferdinand IV, et accepte la mission de défendre l'indépendance du peuple espagnol ; mais arrivé à Gibraltar, le duc d'Orléans est conduit en Angleterre, sur le même vaisseau qui l'avait amené de Palerme. Ce n'est pas sans difficulté qu'il obtient de sortir de l'Angleterre et de retourner à Malte. Le duc d'Orléans se rend de nouveau à la cour de Palerme et obtient en mariage la princesse Amélie, qui avait fixé ses regards et son cœur. *1807.* *1808.* *1809.*

Après seize années de séparation, le duc d'Orléans a le bonheur de revoir sa mère au port Mahon.

25 nov. 1809. Le mariage du duc d'Orléans avec la princesse Marie-Amélie est célébré à Palerme.

Mai 1810. La régence de Cadix, au nom de la liberté, invoque l'appui des talens et de l'épée du duc d'Orléans, et le nomme commandant-général en Catalogne. Le duc s'embarque, il arrive à Tarragone, mais déjà l'influence anglaise avait tout changé. Alors, il se rend à Cadix, y séjourne trois mois, et retourne enfin à Palerme.

1811. Le duc d'Orléans, toujours et partout ennemi de l'arbitraire, pendant les troubles de la Sicile, se tient retiré à la campagne.

17 mai 1814. Le duc d'Orléans se retrouve sur la terre de France avec autant d'étonnement que de joie; cette patrie n'avait point oublié ses anciens services.

1815. Lors du débarquement de Napoléon à Cannes le duc d'Orléans est reçu avec enthousiasme dans les places du Nord.

20 mars. Il envoye à tous les commandans pour instructions : « De faire céder toute opinion au cri pressant » de la patrie; d'éviter les horreurs de la guerre » civile. »

24 mars. Le duc d'Orléans quitte la place de Lille et écrit au duc de Trévise une lettre non moins honorable pour celui qui l'a reçue, que pour celui qui l'a tracée; on y remarque ce passage : « JE SUIS TROP BON » FRANÇAIS POUR SACRIFIER LES INTÉRÊTS DE LA » FRANCE, PARCE QUE DE NOUVEAUX MALHEURS ME » FORCENT A LA QUITTER. »

(*Biogr.ᵉ nouvelle des Contemporains*).

Napoléon, après avoir lu cette lettre, se tourna vers le duc de Bassano, et lui dit : « Vous voyez ce » que le duc d'Orléans écrit à Mortier ; cette lettre » lui fait honneur. Celui-là a toujours eu l'âme fran- » çaise. »

Le duc d'Orléans, en se séparant de ses officiers, dit à l'un d'eux : « Allez, Monsieur, reprendre la » cocarde nationale ; je m'honore de l'avoir portée, » et je voudrais la porter encore. »

(Le Ruban tricolore).

Le duc d'Orléans se retire à Twickenham, et se renferme dans la retraite au sein de sa famille.

Le duc d'Orléans arrive à Paris. La France revoit avec plaisir un prince qui avait ennobli son exil par l'attitude honorable qu'il avait su y conserver. — Juillet.

Dans la séance de la chambre des pairs où l'on demande *l'épuration des administrations publiques et le châtiment des délits politiques*, le duc d'Orléans tient ce noble langage : « TOUTE ÉNONCIATION » ANTÉRIEURE D'OPINION ME PARAÎT UNE VÉRITABLE » PRÉVARICATION DANS L'EXERCICE DE NÔS FONCTIONS » JUDICIAIRES, EN NOUS RENDANT TOUT A LA FOIS » ACCUSATEURS ET JUGES. » Après cette séance le duc d'Orléans ne pouvant plus douter de l'inutilité de sa présence dans la chambre, s'impose un exil volontaire et retourne en Angleterre. — 13 octobr.

Le duc d'Orléans revient en France, mais l'autorisation de siéger à la chambre des pairs lui est refusée. — 1817.

Son intérieur présente le modèle de l'union, des bonnes mœurs et des vertus privées. Protecteur des beaux arts et de l'industrie française il aime à décorer de leurs produits ses superbes appartemens du palais royal, et sa délicieuse habitation de Neuilly, dont il a dessiné lui-même les jardins.

Il a voulu que son fils aîné, le duc de Chartres,
jouît comme son aïeul Henry IV, des avantages de
l'éducation publique; et déjà le nom de cet illustre
élève n'a pas été étranger aux succès universitaires.

(Biogr.e nouvelle des Contemporains).

28 jet 1830. La liberté triomphe pour jamais !

31 juillet. Le duc d'Orléans rentre à pied dans Paris, paré
des couleurs nationales.

PROCLAMATION.

« Habitans de Paris !

» Les députés de la France, en ce moment réunis
» à Paris, m'ont exprimé le désir que je me rendisse
» dans cette capitale, pour y exercer les fonctions de
» lieutenant-général du royaume.

» Je n'ai pas balancé à venir partager vos dangers,
» à me placer au milieu de vos héroïques populations,
» et à faire tous mes efforts pour vous préserver des
» calamités de la guerre civile et de l'anarchie.

» En rentrant dans Paris, je portais avec orgueil
» les couleurs glorieuses que vous avez reprises, et
» que j'avais moi-même long-temps portées.

» Les chambres vont se réunir : elles aviseront aux
» moyens d'assurer le règne des lois et le maintien
» des droits de la nation.

» UNE CHARTE SERA DÉSORMAIS UNE VÉRITÉ.

» LOUIS-PHILIPPE D'ORLÉANS. »

1.er août. Un acte du lieutenant-général du royaume porte :
Art. 1.er « La nation française reprend ses couleurs.
» Il ne sera plus porté d'autre cocarde que la cocarde
» tricolore. »

3 août. Ouverture de la session des chambres législatives.

DISCOURS

PRONONCÉ

PAR Mgr LE DUC D'ORLÉANS,

Lieutenant-général du Royaume.

« Messieurs les Pairs et Messieurs les Députés,

« Paris, troublé dans son repos par une déplorable violation de la Charte et des Lois, les défendait avec un courage héroïque ! Au milieu de cette lutte sanglante, aucune des garanties de l'ordre social ne subsistait plus. Les personnes, les propriétés, les droits, tout ce qui est précieux et cher à des hommes et à des citoyens courait les plus graves dangers.

» Dans cette absence de tout pouvoir public, le vœu de mes Concitoyens s'est tourné vers moi ; ils m'ont jugé digne de concourir avec eux au salut de la Patrie ; ils m'ont invité à exercer les fonctions de lieutenant-général du Royaume.

» Leur cause m'a paru juste, les périls immenses, la nécessité impérieuse, mon devoir sacré. Je suis accouru au milieu de ce vaillant peuple, suivi de ma famille, et portant ces couleurs qui, pour la seconde fois, ont marqué parmi nous le triomphe de la liberté.

» Je suis accouru, fermement résolu à me dévouer à tout ce que les circonstances exigeraient de moi, dans la situation où elles m'ont placé, pour rétablir l'empire des lois, sauver la liberté menacée, et rendre impossible le retour de si grands maux, en assurant à jamais le pouvoir de cette Charte, dont le nom, invoqué pendant le combat, l'était encore après la victoire.

» Dans l'accomplissement de cette noble tâche, c'est aux chambres qu'il appartient de me guider. Tous les droits doivent être solidement garantis, toutes les institutions nécessaires à leur plein et libre exercice doivent recevoir les développemens dont elles ont besoin. Attaché de cœur et de conviction aux principes d'un gouvernement libre, j'en accepte d'avance toutes les conséquences. Je crois devoir appeler dès aujourd'hui votre attention sur l'organisation des gardes nationales, l'application du jury aux délits de la presse, la formation des administrations départementales et municipales, et avant tout sur cet article 14 de la Charte, qu'on a si odieusement interprété.

» C'est dans ces sentimens, Messieurs, que je viens ouvrir cette session.

» Le passé m'est douloureux ; je déplore des infortunes que j'aurais voulu prévenir ; mais au milieu de ce magnanime élan de la capitale et de toutes les autres cités françaises, à l'aspect de l'orde renaissant avec une merveilleuse promptitude, après une résistance pure de tout excès, un juste orgueil national émeut mon cœur, et j'entrevois avec confiance l'avenir de la patrie.

« Oui, Messieurs, elle sera heureuse et libre, cette France qui nous est si chère, elle montrera à l'Europe qu'uniquement occupée de sa prospérité intérieure, elle chérit la paix aussi bien que ses libertés, et ne veut que le bonheur et le repos de ses voisins.

» Le respect de tous les droits, le soin de tous les intérêts, la bonne foi dans le gouvernement, sont le meilleur moyen de désarmer les partis, et de ramener dans les esprits cette confiance, dans les institions, cette stabilité, seuls gages assurés du bonheur des peuples et de la force des États.

» Messieurs les pairs et Messieurs les députés, aussitôt que les chambres seront constituées, je ferai porter à votre connaissance l'acte d'abdication de S. M. le roi Charles X : par ce même acte, S. A. R. Louis-Antoine de France, Dauphin, renonce également à ses droits. Cet acte a été remis entre mes mains, hier, 2 août, à 11 heures du soir. J'en ordonne ce matin le dépôt dans les archives de la Chambre des pairs, et je le fais insérer dans la partie officielle du *Moniteur*.

Le duc d'Orléans, entouré de sa famille, reçoit de la chambre des députés et de la chambre des pairs la déclaration qui l'appelle au trône, aux conditions imposées d'après les modifications ou additions faites à la Charte.

8 août.

SERMENT

DE

Louis-Philippe 1.er

ROI DES FRANÇAIS.

9 août 1830.

« En présence de Dieu, je jure d'observer fidéle-
» ment la Charte constitutionnelle, avec les change-
» mens et modifications exprimés dans la déclaration
» de la chambre des députés ; de ne gouverner que
» par les lois et selon les lois, de faire rendre bonne
» et exacte justice, à chacun selon son droit, et
» d'agir en toutes choses dans les seules vues de l'in-
» térêt, du bonheur et de la gloire du peuple fran-
» çais. »

VIVE LE ROI ! VIVE PHILIPPE I.er

Imprimerie de LAGUERRE,
Rue Rousseau, N.º 51,
A BAR-LE-DUC.

www.ingramcontent.com/pod-product-compliance
Lightning Source LLC
LaVergne TN
LVHW051034060726
842524LV00007B/2811